L'ORIGINE

DES

INTERDICTIONS SEXUELLES

PAR

CASIMIR DE KELLES-KRAUZ

Associé de l'Institut International de Sociologie,
Professeur au Collège Libre des Sciences Sociales de Paris
et à l'Université Nouvelle de Bruxelles.

(Extrait de la *Revue Internationale de Sociologie*.)

PARIS, Vᵉ

V. GIARD & E. BRIÈRE

LIBRAIRES-ÉDITEURS

16, Rue Soufflot et Rue Toullier, 12

1904

L'ORIGINE DES INTERDICTIONS SEXUELLES

La science de la famille dans ces derniers quarante ans— depuis la publication du « Droit maternel » de Bachofen en 1861 — a fait des progrès énormes. Les savants, grâce aux témoignages des voyageurs et des compilateurs anciens, dont l'utilisation fait précisément le mérite de Bachofen, grâce surtout, naturellement, aux observations des voyageurs et des missionnaires modernes, ont pris connaissance des relations entre les deux sexes et entre les parents et les enfants, c'est-à-dire des formes de la vie familiale, ainsi que des rapports de ces formes aux formes de la vie sociale en général, chez les peuples n'appartenant pas à la civilisation européenne ; et cela même leur a ouvert les yeux sur les phénomènes de la vie passée et même présente des nations européennes, phénomènes contraires à la notion dominante de la famille patriarcale et que par conséquent on n'apercevait point jusque-là ou tout au plus on tenait pour des déviations étranges, résultant de l'ignorance du peuple.

La comparaison de tous ces faits a ruiné la croyance au caractère primitif de la forme de la famille propre à l'histoire sainte et au droit romain, ces deux sources si longtemps uniques de la pensée scientifique de l'Europe. Grâce aux nouvelles méthodes, aux sources nouvelles et aussi à l'action, qu'il ne faut jamais oublier, de la tendance critique générale dirigée contre les institutions et les croyances établies, la science a avancé des thèses ou au moins des hypothèses sur des états de l'humanité, où la mère, non le père, était le personnage principal de la famille, la tutrice des enfants, auxquels elle donnait son nom ; où l'union de l'homme et de la femme n'était point stable ni leur droit mutuel exclusif ; où les limites posées aux unions matrimoniales, quand elles existaient, avaient une étendue et un caractère tout différent ; où le viol de la femme était la condition du mariage légal et toutes les notions de la morale sexuelle et familiale étaient tout à fait opposées aux nôtres ou plutôt incommensurables avec les nôtres ; où enfin la famille, respectivement le clan, était la société tout entière et faisait toutes les fonctions de la société vis-à-vis de l'individu. Ces découvertes ont permis de comprendre toute une série d'institutions coutumières et même légales, jusque-là incomprises ou mal comprises ; une lumière inattendue éclaira même des phénomènes sociaux d'une importance relativement moindre, comme les cérémonies populaires de la veille de Saint-Jean ou la « couvade » d'un côté, les mariages morganatiques et les armoiries d'autre part.

La multiplication des faits vérifiés, le perfectionnement du sens méthodique, ont permis ensuite dans beaucoup de cas d'approfondir les recherches et d'en rectifier le résultat. Finalement on a même osé, se servant de la boussole de l'évolution économique, entreprendre la construction d'une nouvelle synthèse générale de l'histoire de la famille et du mariage (Grosse, Cunow). Cependant tous les savants et tous les chercheurs se sont heurtés à un fait qui ne se laisse pas ramener à quelque chose de plus primitif ou de plus simple : le fait de l'interdiction des relations sexuelles aux hommes et aux femmes liés déjà par une proximité d'un autre genre ; je ne dis pas : par la parenté, puisque la question de savoir s'il s'agit là des liens de parenté ou simplement de symbiose, est déjà controversée.

Ce fait, appelé exogamie par Mac-Lennan, on a essayé de l'expliquer de toutes les façons, et aujourd'hui, après tant d'essais, un grand nombre de savants en fin de compte capitulent devant lui, en tiennent l'explication pour impossible, cependant que d'autres y voient « le mystère central de la vie sociale » (J. G. Frazer). (1)

Et en vérité, ce mystère-là est « central », ce fait, cette institution, sont de la plus grande importance. Car il n'y a point au monde de nation ou de tribu qui ne connaisse des interdictions matrimoniales, plus ou moins étendues, mais absolues et sévères. Elles jouent un rôle très important déjà dans la vie de l'Australien, que l'on place au degré le plus bas de l'échelle des peuples connus ; et au degré le plus élevé de cette échelle, chez les nations contemporaines de la civilisation indo-européenne, ces interdictions non seulement sont revêtues de la pleine force obligatoire par la loi écrite, mais constituent encore le commandement coutumier et moral le plus profondément ancré, le plus généralement reconnu, commandement que le révolutionnaire le plus fou s'abstient de critiquer et qu'en fait les hommes violent le moins de tous !

A cause de ce caractère absolu des interdictions sexuelles on les a considérées comme innées à l'homme, comme résultant de la pudeur, réserve et répulsion naturelles inculquées aux hommes par

---

(1) *Observations on Central Australian Totemism.*

Dieu lui-même. Pendant longtemps il n'était point besoin d'autre explication. Mais la science moderne de la famille ruinant toutes les notions jusque-là incontestables sur ce qui est inné et naturel à l'homme, prouvant, par des exemples de l'infanticide organisé, de l'assassinat habituel des vieillards, la formation graduelle et historique des sentiments de famille, même ceux que l'on tenait jusque-là pour les plus élémentaires, il a bien fallu appliquer le même point de vue aux interdictions matrimoniales. La nécessité d'une explication autre que celle fournie par l'instinct naturel, se présentait pour Morgan par exemple pour cette raison encore, que les interdictions matrimoniales trouvées par lui s'étendaient à un cercle trop large de parents : à tous les parents dans la ligne maternelle! Morgan influencé par les idées à la mode du darwinisme, affirme donc que les limitations successives du cercle des parents admis à se marier entre eux sont l'œuvre de la sélection naturelle. Les tribus, qui avaient renoncé au mariage entre les parents et les enfants, entre les frères et sœurs, entre les consanguins de plus en plus éloignés, eurent d'après lui un développement « plus rapide et plus complet », et acquirent par là une supériorité sur les autres, qu'ils entraînaient même parfois par leur exemple. Frédéric Engels adopta la même explication, et c'est ce qui lui fit faire sa fameuse correction, aujourd'hui reconnue fausse, à la conception matérialiste de l'histoire de Marx : la substitution pour les temps préhistoriques du facteur de la « production des hommes » à celui de la « production des richesses ». Aujourd'hui encore l'explication de Morgan-Engels a beaucoup de partisans; chose curieuse : tout le monde sent les défauts de cette hypothèse, on se met à en chercher d'autres, et finalement chacun, après en avoir essayé en vain un certain nombre, retourne à l'hypothèse de Morgan, comme étant relativement la meilleure. Et cependant cette hypothèse ne résiste vraiment pas à une critique attentive. En effet, admettons d'abord que réellement et absolument les enfants des parents proches soient toujours moins forts et moins sains que ceux des parents plus éloignés, que la même infériorité atteigne les enfants des consanguins en général vis-à-vis de ceux des non-consanguins, etc. Dans ce cas les tribus exogamiques se seraient en effet mieux développées que les endogamiques; mais la différence au point de vue quantitatif et qualitatif aurait-elle pu être de nature à pouvoir causer la disparition complète des endogames de la surface de la terre? La sélection naturelle fait, comme on sait, disparaître ceux qui ne sont pas adaptés à certaines conditions naturelles, à certaines exigences de la lutte pour la vie, qui viennent à se présenter, qui sont nouvelles pour les êtres dont il s'agit. Quelles conditions aurait donc pu présenter à l'homme la nature environnante, auxquelles il eût dû s'adapter par le passage de l'endogamie à l'exogamie? Le temps où Morgan place les premières interdictions sexuelles, c'est, d'après sa classification, l'époque du passage du degré inférieur au degré supérieur de la sauvagerie; en d'autres termes, c'est l'époque où les hommes descendent définitivement des arbres sur la terre, inventent le feu et les premières armes en pierre, commencent à se nourrir de poissons et de gibier. Peut-on supposer que des hordes qui, dans l'époque précédente, pendant une longue série de siècles, avaient su conserver leur existence et venaient précisément de faire de tels progrès au point de vue de l'armement pour la lutte contre la nature, aient pu après tout cela disparaître, uniquement pour n'avoir point renoncé à l'endogamie? S'il ne s'agissait donc que de la lutte contre la nature, le facteur admis par Morgan aurait dû nous donner comme résultat un grand nombre de peuples endogamiques à côté des exogamiques, et une différence physique et intellectuelle quelconque, mais constatable, entre ces deux catégories. Or l'exogamie, plus ou moins étroite, est une loi universelle, l'endogamie, une rare exception, dont nous examinerons plus tard les causes possibles. Il s'agit donc peut-être de la lutte entre les tribus, où les exogames *remportaient* la victoire grâce à leur supériorité physique ou intellectuelle? Dans ce cas cette supériorité, assurant toujours la victoire, aurait dû être très considérable. Cela peut-il être admis? c'est ce que nous verrons plus tard. Ici, remarquons que dans *ce cas les peuples victorieux*, en s'emparant, comme cela arrive habituellement, des femmes des vaincus, se seraient introduit un *sang inférieur*; par conséquent, la sélection naturelle aurait dû amener les peuples victorieux, en présence de la grande infériorité des autres, à s'enfermer dans une endogamie jalouse. D'ailleurs, l'exogamie des sauvages et des barbares, s'exprimant par un *connubium* permanent entre deux ou plusieurs groupes, n'est au fond que l'endogamie d'un groupe un peu plus large.

De plus, et cela est important : expliquer l'exogamie par la sélection naturelle, c'est supposer que chez certains peuples au moins l'exogamie s'est déjà établie; et l'on ne voit pas du tout, comment et pourquoi cela est arrivé. C'est que souvent il arrive aux naturalistes, que la sélection naturelle remplace pour eux l'action consciente de la Providence soufflant aux êtres terrestres à l'oreille ce qu'ils ont à faire, quels organes abandonner et lesquels se procurer à l'avance... Les explications empruntées à la sélection naturelle ne perdent leur caractère métaphysique que lorsqu'on peut indiquer le pourquoi et le comment de l'apparition même de certains changements : une fonction donnée peut par exemple, grâce à des circonstances extérieures favorables, renforcer et transformer un organe, ou inversement, un organe peut graduellement disparaître par l'affaiblissement de la fonction ; la sélection naturelle ne peut que faire survivre les êtres déjà adaptés de cette manière. Ce « pourquoi » et ce « comment », il faut y répondre d'autant plus, quand il s'agit des normes réglant la vie commune des êtres pensants. Or, Morgan, Engels et leurs partisans, pour expliquer la première apparition de l'exogamie, ne peuvent qu'invoquer l'aveugle hasard, et alors il est impossible de comprendre comment cette institution se trouve dans le monde entier, car il serait déraisonnable de supposer qu'une seule tribu ou même plusieurs aient pu faire imiter cette institution par toutes les autres ; ou bien il faut chercher une cause générale quelconque de la première apparition de l'exogamie chez un grand nombre de peuples divers et alors cette cause-là au point de vue sociologique sera infiniment plus importante que la sélection naturelle.

En admettant même que la sélection naturelle ait pu exercer l'action que lui attribue Morgan, nous ne pouvons pas comprendre comment cette action aurait pu arriver à la conscience des hommes primitifs, — sans quoi cependant des interdictions aussi absolues n'auraient pu se former. Cette action de la sélection naturelle aurait été nécessairement si lente, elle se serait exercée pendant une série de générations tellement longue, que la mémoire du sauvage n'aurait pu retenir les changements si graduels, ni son esprit en tirer des conclusions pratiques. Même si un peuple, grâce à un hasard, avait pratiqué l'exogamie pendant une série de générations, et si elle lui avait garanti des forces nécessaires pour vaincre d'autres peuples et résister aux influences nuisibles de la nature, ce peuple n'aurait nullement pu établir un lien causal entre ces faits ; il y aurait tout au plus une coutume, il n'y aurait pas d'interdiction ni de sanction pénale.

C'est sans doute sous l'action de considérations pareilles que le professeur Ernest Grosse s'efforce d'expliquer, d'une autre façon, comment le sauvage a pu se convaincre de la nocivité des unions entre parents proches : il aurait observé directement que les enfants issus des unions entre parents très proches étaient faibles et anormaux, il se serait par conséquent interdit les unions de ce genre, et ensuite, avec sa logique superstitieuse, il aurait graduellement étendu cette interdiction jusqu'aux parents les plus éloignés. Quelques-uns supposent même que les sauvages ont pu observer les suites mauvaises de l'inceste chez les animaux domestiques ; mais vraiment, attribuer des observations pareilles à l'ancêtre de l'Australien, cela me paraît trop le flatter. D'ailleurs, à l'explication de Grosse nous répondrons avant tout par la question : pourquoi donc l'interdiction sexuelle chez les peuples les plus primitifs ne s'étend qu'aux parents maternels, ou plus exactement s'étend à *tous* les parents maternels et, parmi les parents paternels, seulement aux plus proches, à ceux qui vivent ensemble ? Cependant la parenté paternelle ou maternelle devrait exercer la même action néfaste sur la descendance. Cependant, d'après Grosse lui-même, chez les Australiens la parenté paternelle n'est pas moins facilement constatable que la maternelle ; pourquoi donc celle-ci jouit seule d'un signe extérieur, le totem, qui préserve des relations sexuelles même les parents les plus éloignés ?

Enfin, l'argument décisif contre toutes les explications pareilles à celle de Morgan ou de Grosse, est qu'il n'est point du tout prouvé que le mariage entre consanguins soit absolument nuisible aux enfants. C'est là une conviction acquise par l'humanité pendant les longs siècles de l'interdiction absolue de « l'inceste » et héritée ensuite par la biologie moderne ; c'est la transformation scientifique des peines terribles dont était menacé le péché de l'inceste, qui devait entraîner la naissance de monstres, etc. Pourquoi le croisement est-il utile ? parce que le nombre de facteurs en jeu augmente, ce qui fait que l'importance d'un facteur nuisible, se trouvant peut-être dans l'organisme d'un des parents, diminue ; mais si l'organisme du père comme celui de la mère, appartenant à la même famille, ne possède que des qualités favorables, alors on ne voit pas pourquoi la descendance serait de qualité inférieure. Les éleveurs, qui se servent de la sélection artificielle, pour obtenir une espèce ayant certaines qualités tout spécialement développées, n'unissent-ils pas des individus appartenant à un cercle étroit d'êtres pareils, apparentés ? « L'inceste » peut renforcer chez les enfants aussi bien les mauvaises que les bonnes qualités de l'organisme des parents ; il est impossible de lui attribuer une autre action sans admettre une intervention métaphysique ; et ce sont les conditions extérieures qui décident du développement ou de la perte du type ainsi produit. Il y a dans l'humanité des exemples qui prouvent que l'endogamie d'une population peu nombreuse n'a point eu d'action nuisible : l'exemple le mieux connu des anthropologistes, ce sont les quelques milliers d'habitants de la commune de Bac dans la presqu'île de Croisic; on peut citer aussi la curieuse et minuscule commune des Juifs Caraïtes dans la petite ville de Halicz en Galicie ; arrivés là depuis quelques siècles, ils vivent au nombre de deux cents, s'isolent complètement des chrétiens comme des juifs, ne se marient qu'entre eux, et cependant on n'a pas remarqué qu'ils soient plus dégénérés que la population pauvre en général.

D'autre part, les arguments cités pour prouver la nocivité des mariages entre consanguins parfois vraiment font rire : on cite par exemple une statistique du professeur Stieda, d'après laquelle il y aurait eu dans quarante-quatre départements français 9,2 mariages entre consanguins sur mille; dans 45 autres départements il y aurait eu 14,8 mariages pareils, et parallèlement le nombre d'habitants « malades physiquement et intellectuellement » aurait été : 2,65 et 3,1 sur mille.

Voilà, n'est-ce pas, une grande différence qui peut nous convaincre !

M. Durkheim, après une longue analyse, aboutit à cette conclusion que les unions entre consanguins ne peuvent causer au sauvage qu'un seul dommage certain : c'est qu'elles produisent l'uniformité du type, qui finalement peut rendre la lutte pour l'existence plus difficile. Mais nous ne croyons pas que ce soit là pour le sauvage un dommage bien grand, puisque son existence tout entière se déroule sur un espace fort limité, où les conditions mêmes de la lutte pour l'existence sont relativement uniformes.

En général, la différence de valeur entre la descendance des endogames et celle des exogames se ramène ici à une nuance si futile qu'elle n'entre absolument plus en ligne de compte. Il faut donc rejeter absolument l'explication de l'exogamie donnée par Morgan, « le facteur de la production des hommes » d'Engels, et toutes les hypothèses basées sur les mêmes principes.

Il y a une douzaine peut-être d'autres hypothèses, mais elles demandent beaucoup moins de temps pour être écartées. Voici par exemple Mac Lennan qui suppose que les peuples, qui se trouvaient dans des conditions de vie particulièrement dures, tuaient les enfants du sexe féminin. Il en résultait après un certain temps un manque de femmes et la tendance à en enlever aux autres peuples. Mais il n'en était certainement pas ainsi chez tous les peuples de la terre; de plus, cela ne pouvait pas faire naître une *interdiction* de se marier avec les femmes de la tribu; et enfin, ou bien une tribu donnée continuait de vivre dans des conditions invariablement dures, et alors elle devait, comme par devant, se contenter du petit nombre de ses femmes à elle ; ou bien les conditions devenaient plus favorables, et alors la raison pour tuer les filles de la tribu cessait d'exister, l'équilibre des sexes pouvait être rétabli au sein même de la tribu dans l'espace d'une génération, et cette tribu, faible comme elle l'était, n'avait aucune raison d'aller chercher des coups en enlevant les femmes des autres.

M. Witold Schreiber, un jeune écrivain polonais, voit la première impulsion à l'exogamie dans la polyandrie causée par le manque de femmes : bientôt un des maris, devenu favori de la femme, prive les autres maris de leur droit; mais on ne sait ni pourquoi ni comment.

D'après Herbert Spencer, c'est la vanité militaire qui poussait le sauvage à s'emparer d'une femme étrangère pour s'en vanter comme d'un trophée ; mais en résulte-t-il la prohibition de se marier avec une femme de la tribu ?

Lubbock croit que les femmes de la *gens* étaient la propriété commune de tous les *gentiles;* par conséquent, si un homme désirait avoir une femme à lui seul, il devait la conquérir hors de la *gens.* Mais d'où lui venait un désir pareil, et surtout pouvait-il se procurer une femme étrangère par ses propres forces à lui *tout seul* ? Il aurait au contraire eu besoin de l'aide de tous ses congentiles, et par conséquent la proie aurait servi à l'usage commun.

Tylor a eu l'idée que l'exogamie est résultée de traités, de réciprocité matrimoniale entre des tribus qui terminaient de longues luttes par des alliances de ce genre. Nous croyons que M. Kovalewsky a raison en affirmant que de si hautes idées politiques devaient être inconnues aux sauvages. Excepté peut-être un seul cas où la guerre même aurait eu la conquête de femmes pour objet ; mais alors, pourquoi une guerre pareille aurait-elle éclaté ? De plus, même un traité pareil n'explique pas encore *l'interdiction* complète de l'exogamie.

J. R. Mucke croit que cette interdiction n'est que la suite accidentelle et le côté opposé de l'obligation de choisir les femmes dans une *gens* déterminée. L'idée est spirituelle ; mais la raison d'une telle obligation ? Et puis, le jour vient où l'obligation de se marier dans une gens déterminée disparut, où il fut permis de se choisir mari ou femme dans un large cercle des concitoyens, ou même parmi les étrangers. Pourquoi donc alors cette liberté ne fut-elle pas étendue aux consanguins ? C'est qu'évidemment il y avait d'autres causes au fond de l'interdiction de l'exogamie, et que c'est cette interdiction qui était la partie essentielle du système.

M. Durkheim a donné une théorie très intéressante basée sur le totémisme. Le sauvage croit que tous les membres do la gens sont du même sang, le sang de leur ancêtre commun : le totem. Ce sang est sacré — *tabou* : il est interdit d'en verser ni d'y toucher, tout comme il est défendu de manger la viande du totem ; voilà pourquoi les femmes appartenant à la *gens*, et celles-là seules, sont évitées par les hommes avec une terreur superstitieuse dans certaines phases physiologiques de leur vie, et la peur du sang les rend aussi en général intangibles aux hommes du même *totem*, *c'est-a-dire de la même gens*. Cette explication a avant tout, à notre point de vue, un défaut théorique : il nous paraît toujours invraisemblable que des normes vitales de cette importance puissent êtres produites uniquement par les croyances religieuses, qui sont plutôt secondaires et ne font que refléter les normes sociales. Mais la preuve du contraire pourrait naturellement renverser cet obstacle purement théorique. Cependant voici que les recherches célèbres de Baldwin Spencer et F. Gillen (1899) ont démontré que chez certaines tribus australiennes le groupe exogamique et le groupe totémique ne coïncident point ; des hommes et des femmes appartenant aux divers totems ne peuvent pas s'unir sexuellement entre eux, tandis que cela est permis dans les limites du groupe totémique. On pourrait dire que c'est là une phase postérieure, où les anciens *gentiles* ont pris place au milieu d'unions nouvelles, où les femmes avec leurs enfants sont passées dans la horde du mari ; mais dans des cas pareils, fort fréquents en effet, l'interdiction du mariage ne cesse pas de s'appliquer à *l'ancien* groupe gentilice et totémique ; tandis que dans les cas observés par B. Spencer et Gillen l'exogamie s'applique à un autre groupe, n'a rien de commun avec le totem, et par conséquent il est impossible de voir dans le totémisme et dans la peur du sang une cause générale de l'exogamie.

Enfin Westermarck retourne à la « répulsion naturelle » des théologiens, sous une forme nouvelle naturellement. Selon lui, les hommes ne sont point attirés amoureusement vers ceux avec lesquels ils sont élevés et vivent ensemble dès l'enfance, ou tout au moins cette attraction est beaucoup moins forte que celle exercée par les étrangers, les inconnus. S'il en était vraiment toujours ainsi, aurait-on eu besoin de ces peines terribles dont les sociétés primitives menacent l'inceste et en général l'endogamie ?

Des prohibitions aussi sévères auraient-elles pu naître, s'ils ne s'agissait que des goûts différents chez divers membres de la tribu ?

Nous voyons donc que quelques-unes des explications citées peuvent bien contenir une part de la vérité, la découverte d'un facteur secondaire favorable au phénomène dont il s'agit ; mais aucune ne peut nous satisfaire complétement, et c'est donc dans une autre voie que nous devons chercher la cause essentielle du phénomène.

Nous croyons au point de vue théorique qu'il ne peut y avoir qu'une seule voie menant au but : il faut chercher la raison d'une institution si importante dans les facteurs fondamentaux qui déterminent la vie des sociétés en général, et la vie des sociétés primitives avec une force toute particulière : ce facteur, ce sont les conditions et les exigences de la lutte pour la vie, de la production et de la défense.

Le premier pas dans cette voie a été fait par notre éminent collègue, M. Maxime Kovalewsky dans son remarquable rapport (« La gens et le clan ») à l'avant-dernier Congrès de l'Institut International de Sociologie.

« Le clan — dit-il — était un milieu pacifié, au sein duquel ne pouvait en temps ordinaire naître aucune controverse grâce au fait même qu'on en avait éliminé sciemment ou d'une façon inconsciente tout sujet de dispute, notamment l'appropriation individuelle tant de troupeaux, pâturages et terres cultivables, que de femmes faisant partie du même groupe. »

Cette définition du clan ou de la gens se rapporte aux temps les plus primitifs : nous en avons la preuve quelques pages plus loin, où nous lisons que l'auteur se propose de rétablir par hypothèse le tableau de l'humanité naissante, « d'une société qui ignore encore l'usage du feu et des métaux ainsi que la domestication des animaux et peut à peine, au moyen d'armes en pierre non taillée, entretenir la lutte avec les bêtes féroces. » La définition parle à la vérité de la propriété commune des troupeaux et des terres cultivables, mais cela ne doit pas nous troubler : cela se rapporte tout simplement aux clans des temps postérieurs, qui ont conservé les traits essentiels des clans primitifs. M. Kovalewsky nous dit tout de suite que « ce résultat heureux » a été atteint dans les temps primitifs grâce à l'absence chez les sauvages d'aucun motif qui puisse les pousser à une appropriation individuelle du sol ou de ses produits, tandis que les conditions d'existence de ces sauvages leur imposent la nécessité d'une lutte pour la vie commune et solidaire. « Les troupeaux » d'hommes primitifs devaient se garder de tout ce qui pouvait les affaiblir intérieurement. Ils devaient donc éviter tout conflit entre leurs membres, toute effusion du sang ; et ils ne pouvaient y parvenir qu'en écartant toute controverse au sujet des biens matériels et des femmes ; « l'usage commun des femmes et l'interdiction de leur appropriation individuelle au sein du même groupe s'imposaient comme une condition *sine qua non* de la bonne entente et de la paix intérieure ». De plus, ces troupeaux humains pour être forts dans la lutte avec les animaux et avec les autres hommes, devaient aspirer à l'augmentation du nombre de leurs membres. Dans ce but la vengeance du sang n'était pas admise au sein du clan, le membre du clan assassin d'un autre membre n'était pas puni de mort mais d'une sorte d'anathème ; ensuite le clan adoptait volontiers des membres nouveaux venant du dehors ; et enfin le clan avait la tendance à enlever des femmes aux autres hordes, tout en ne se privant qu'à contre-cœur de ses femmes à lui. De là, d'abord les enlèvements continuels des femmes à main armée, des guerres incessantes à ce sujet, et plus tard des traités matrimoniaux entre les hordes, dont une, la plus faible, devait souvent se laisser imposer des conditions moins favorables, comme par exemple celle qui permet à l'homme de revenir à son clan avec la femme, après avoir laissé dans le clan de la femme un premier fils.

Kovalewsky avec sa maîtrise comparative habituelle trouve tous ces caractères plus ou moins accentués, aussi bien dans les groupes totémiques des Australiens et des Peaux-Rouges, que dans les *gentes* romaines, les clans celtiques, les *rod's* slaves, les *Geschlechter* germains, les *hayy* arabes et les *taïpa* des Tchetchènes.

Avant d'aborder la critique de cette dernière tentative de l'explication des interdictions matrimoniales et de l'exogamie, considérons cette idée de Kovalewsky, qu'au sein de la horde primitive les hommes luttaient entre eux pour les femmes, et qu'étant donnés les grands dommages causés par ces luttes, à la force de la horde vis-à-vis des ennemis extérieurs, on a mis fin en reconnaissant les droits de tous les hommes à toutes les femmes de la horde. La première de ces idées revient chez certains autres savants sous une forme particulière. La lutte pour les femmes entre les individus n'a pas jusqu'à présent donné naissance à des théories, mais en revanche on a tiré des conclusions fort importantes de la lutte pour les femmes entre les *générations* des hommes de la horde. C'est un éminent savant polonais, M. Louis Krzywicki, qui prend en considération d'abord les coutumes régnant au milieu des troupeaux de divers animaux sauvages : les mâles adultes chassent du troupeau par la force les jeunes mâles adolescents, pour conserver le monopole des femelles, et les jeunes mâles chassés marchent réunis à une certaine distance du troupeau et s'efforcent d'enlever de jeunes femelles. Krzywicki analyse d'autre part les cérémonies, universellement répandues chez les sauvages, de l'admission des adolescents mâles au rang d'adultes : pendant ces cérémonies les adultes imposant aux adolescents diverses souffrances tandis que les femmes, obligées de se tenir à une grande distance, donnent des marques de la colère et du mécontentement. Krzywicki conclut enfin que dans le troupeau humain primitif les hommes plus âgés interdisaient aussi par tous les moyens, sans en excepter les plus violents, aux hommes jeunes l'accès des femmes. De là la formation des camps bien connus de la jeunesse mâle et les attaques des jeunes gens sur la communauté dans le but de conquérir des femmes, coutumes que l'on rencontre sous une forme atténuée encore beaucoup plus tard. D'ailleurs dans les tribus australiennes, qui cependant ne sont plus des troupeaux primitifs dans le propre sens du terme, nous voyons que les hommes plus âgés s'efforcent par tous les moyens de rendre aux eunes l'accès des femmes aussi difficile que possible. C'est dans ce but que le jeune homme avant la cérémonie de l'admission au rang des adultes se voit interdit tout rapport sexuel, que la jeunesse mâle est concentrée dans un camp isolé, et qu'on trouve même des moyens très spirituels, comme par exemple celui très répandu qui consiste à faire conclure entre les parents d'un garçon et les parents d'une petite fille du même âge un contrat d'après lequel la future fille de celle-ci doit devenir la femme du garçon.

Toutes ces difficultés opposées au sauvage dans la recherche de la femme, difficultés qui font que l'Australien fort souvent n'a pas connu de femme à l'âge de trente ans, ont été prises par M. William J. Thomas, professeur à l'Université de Chicago, pour base d'une dernière hypothèse sur l'origine de l'exogamie. C'est la plus récente; elle a été publiée dans « Zeitschrift für Socialwissenschaft » paraissant à Breslau en janvier 1902. M. Thomas admet que les jeunes mâles, privés des femmes de leur clan, enlevaient, le plus souvent en commun, des femmes des clans étrangers. Cependant cette circonstance seule ne lui suffit pas ; en effet, pourquoi donc ces jeunes gens, assez audacieux pour faire la guerre à un clan étranger, n'auraient-ils pas eu l'idée et le courage de s'emparer par la force des femmes de leur propre clan, qui étaient à la portée de la main? Et, objection plus importante, pourquoi donc, dans ces circonstances, serait-il également interdit aux hommes adultes de s'unir avec les femmes de leur clan ? M. Thomas invoque donc en outre le goût du changement inné à l'homme surtout dans les affaires d'amour : poussés par ce goût du changement, les hommes d'un clan donné auraient procédé avec un autre clan à l'échange des femmes, d'abord femmes plus âgées, dépouillées déjà du charme de la nouveauté ; plus tard, les exigences quant à la qualité de la marchandise croissant des deux côtés, l'échange se serait étendu aux jeunes filles. M. Thomas retourne donc à l'erreur de Westermarck qui croit qu'un goût peut donner naissance à une interdiction aussi sévère. Du reste l'auteur lui-même nous donne la preuve que cette interdiction demeure inexpliquée par des hypothèses : il constate qu'avant de remettre une femme à une horde étrangère, tous les hommes de sa horde en jouissaient pour la dernière fois, ce qui, l'échange s'étant étendu aux jeunes filles, prit la forme du droit de tous les *gentiles* à la virginité de la jeune mariée ; or, ce droit appartient même à ceux, parmi les hommes de la tribu, qui font partie des groupes ordinairement exclus des relations sexuelles avec la femme dont il s'agit. La division de la horde en groupes exogamiques étant par conséquent donnée *avant l'échange des femmes entre les hordes et indépendamment* de cet échange, il apparaît que l'hypothèse de Thomas n'est pas plus satisfaisante que les autres.

Mais nous n'allons pas abandonner tous les faits si caractéristiques qui viennent d'être mentionnés ici, faits certains de la vie des peuples se trouvant au plus bas degré de l'échelle évolutive, avant de constater qu'ils prouvent l'existence chez les peuples primitifs du droit de tous les hommes de la horde à toutes les femmes dans leur pouvoir.

On sait que ce droit, affirmé par Bachofen et Lubbock, qui ont considéré certaines cérémonies des noces et autres survivances coutumières comme des dédommagements offerts à la communauté par la femme pour son mariage avec un seul, on sait que ce droit a été fort contesté. Cependant il apparaît clairement dans les coutumes des Australiens. Il apparaît tout particulièrement comme droit de tous les hommes adultes dans les cérémonies dites *wilpadrina* et *atna-*

ariltha-kuma. Un jeune homme ayant décidé de se marier et choisi la jeune fille, le fait savoir aux hommes adultes du clan, et ceux-ci attaquent la jeune fille d'une manière inattendue, et la remettent au mari *après avoir exercé leur droit*. Remarquons encore que ce qu'on appelle le dévergondage des jeunes filles avant le mariage, dévergondage toléré et même parfois exigé chez les tribus, qui cependant imposent à la femme une fois mariée une stricte fidélité au mari, s'explique peut-être comme une forme postérieure de ce droit de tous les hommes à la jeune fille devant se marier, droit qui serait ici étendu à tout le temps précédant le mariage. M. Kovalewsky constate que ce dévergondage des jeunes filles est permis au sein des clans les plus strictement exogamiques à la condition, dit-il, de ne pas entraîner la maternité qui serait le corps du délit de la violation de l'interdiction ; je crois cependant qu'il serait impossible de s'expliquer la tolérance accordée à ces excès dans les clans observant une stricte exogamie, si on n'y voyait précisément pas l'expression du droit des hommes du clan à la femme avant qu'elle soit remise à un mari étranger : remarquons en effet qu'aux cérémonies citées de *wilpadrina* et *atna-ariltha-kuma* sont admis également les hommes qu'ordinairement une interdiction exogamique sépare de la femme donnée. Enfin, conclusion qui nous importe le plus : nous croyons que les cérémonies citées et diverses coutumes analogues constituent en quelque sorte des compromis ayant pour but de clore pacifiquement de longues luttes précédentes entre les hommes adultes et les jeunes au sujet des femmes, femmes appartenant au clan ou étrangères, prises par la force ou acquises par l'échange. Les luttes entre les deux camps des hommes devaient nécessairement affaiblir la horde primitive d'une manière extraordinaire ; devant les nécessités de la lutte contre les ennemis communs on s'en est rendu compte finalement et on a conclu la paix, mais une paix qui a assuré aux hommes adultes des avantages légaux dans des formes citées et diverses autres analogues. On admet que l'interdiction du mariage entre les parents et les enfants résulte déjà chez les sauvages de la pudeur naturelle et du respect pour l'âge ; d'autres invoquent là aussi la sélection naturelle. Quant à nous, nous croyons qu'il ne faut considérer cette interdiction que comme un cas particulier de l'interdiction des rapports sexuels entre les générations entières. Et quant à celle-ci, considérant tous les moyens, par lesquels les hommes adultes rendent l'accès des femmes jeunes difficile à la génération correspondante des hommes jeunes, nous rappelant

les contrats par lesquels les Australiens assurent à leurs fils des
femmes beaucoup plus jeunes qu'eux puisque ce sont les filles
futures de jeunes filles de leur âge ; considérant enfin que le résultat
général de tous ces moyens consiste à interdire à toute une génération d'hommes de se marier avec la génération des femmes chrono-
logiquement correspondante mais déjà vieillie puisque mariée de
bonne heure à la génération précédente des hommes, considérant
tout cela, nous nous permettons de supposer que toutes les interdictions des rapports sexuels entre les diverses générations de la horde
ne se sont formées que comme compromis pacifique ayant pour but
de terminer pacifiquement l'ère des luttes violentes pour les femmes
entre les deux générations d'hommes.

Ce serait là une application du principe posé par M. Kovalewsky,
principe de la pacification intérieure de la horde-clan, à la question
de l'interdiction de l'inceste dans la ligne directe, ascendante et des-
cendante.

M. Kovalewsky lui-même, dans son rapport à notre avant-dernier
congrès, a appliqué son principe à l'interdiction des mariages entre
les parents en ligne latérale ou plutôt, d'une manière plus générale,
à l'interdiction de tous les mariages entre les hommes et les femmes
du même clan. Malheureusement, nous allons voir que le principe
a été mal appliqué et que l'explication de l'exogamie donnée par
notre éminent collègue, elle non plus, n'est pas tout à fait satisfaisante.

On a pu distinguer chez M. Kovalewsky deux facteurs entrant en
jeu ; examinons d'abord le facteur secondaire : la tendance de la
horde à augmenter le nombre de ses membres. Ce facteur, nous pouvons l'admettre, mais seulement pour les tribus plus développées,
s'adonnant à l'agriculture systématique, lorsque l'association d'un
plus grand nombre de travailleurs donne déjà des avantages crois-
sants, ou bien possédant de nombreux troupeaux, grâce auxquels la
nourriture est assurée et l'augmentation de la population équivaut
à l'augmentation de la force guerrière. Aussi le professeur Grosse
admet-il parfaitement ce facteur pour ces formes économique posté-
rieures : les clans matriarcaux des agriculteurs attiraient en effet les
maris de leurs femmes dans leur sein, et s'efforçaient de ne prêter
leurs hommes aux autres clans que pour un temps aussi limité que
possible ; ce sont naturellement les clans les plus forts qui pouvaient
imposer des conditions pareilles aux clans plus faibles. Mais c'est
là décidément un facteur postérieur qui d'ailleurs n'a pu en aucune

façon faire naître l'exogamie, mais seulement en favoriser l'établissement et la conservation. Quant aux hordes primitives, dont il s'agit en première ligne, nous ne pouvons pas nous déclarer d'accord avec M. Kovalewsky, qui suppose que ces hordes là aspirent à augmenter le nombre de leurs membres. Comment cela serait-il possible, puisque les hommes de ces hordes primitives ont à peine de quoi vivre, ne sachant point produire de richesses, ne connaissant ni de bonnes armes de chasse ni de bons outils de pêche? Les hordes des Australiens, chez qui cependant les interdictions matrimoniales existent déjà dans toute leur force, ne contiennent fort souvent que quelques dizaines d'individus. Les tribus primitives, ayant trop peu de moyens de vivre, pratiquent l'infanticide et l'assassinat des vieillards! C'est pourquoi il nous semble que c'est une erreur, ou du moins une trop grande généralisation, que d'expliquer par le même facteur du nombre le fait que les membres criminels du clan ne sont pas punis de mort; cela s'explique peut-être plutôt par cette coutume des sauvages, que nous rencontrons encore dans Rome primitive (*dis sacer esto*), que les criminels violant les commandements les plus essentiels : assassin des compatriotes, violateurs du tabou, comme aussi les incestueux, sont abandonnés par les hommes à la vengeance des dieux.

Mais le facteur cardinal dans l'hypothèse de M. Kovalewsky c'est la prohibition de l'appropriation individuelle des femmes dans le but d'écarter tout sujet de dispute à l'intérieur du clan. Or ici M. Kovalewsky ne s'exprime pas tout à fait clairement. Une fois cela s'applique aux femmes *faisant partie du même groupe* et il nous parle « de la défense de prendre en mariage des femmes de son propre clan », une autre fois cependant il s'agit déjà de « l'usage commun des femmes et de l'interdiction de leur appropriation individuelle *au sein du même groupe* » : ce qui, n'est-ce pas, pourrait signifier que les hommes faisant partie de la horde (groupe) n'avaient le droit de posséder individuellement aucune femme en général, qu'elle fasse partie de la horde par sa naissance ou qu'elle y ait été incorporée plus tard par des moyens violents ou pacifiques. En effet, on ne comprend pas pourquoi ce moyen de pacification, l'appropriation commune, ne s'appliquerait qu'aux femmes nées dans le clan. L'honorable professeur croit-il que les femmes étrangères enlevées aux autres hordes n'auraient pas été pour les hommes un sujet de dispute et de luttes tout comme par exemple le produit de la chasse ? Ou peut-être, suivant inconsciemment l'idée de Lubbock, croit-il que le fait même de l'enlèvement et de la conquête pouvait donner un droit à la possession individuelle ? Mais ceci est contredit par une série des survivances (mariage par rapt où cependant les compagnons du fiancé exercent pendant la noce certains droits coutumiers sur la jeune mariée). D'ailleurs l'auteur constate lui-même que les hommes primitifs étaient trop faibles pour chasser isolément, par conséquent ils devaient aussi aller tous ensemble à la guerre contre les autres hordes, procéder ensemble à l'enlèvement de femmes. Or, dans ces temps primitifs l'effort commun entraînait aussi la propriété commune. Enfin, dans son « Tableau des origines de la famille et de la propriété » M. Kovalewsky a lui-même défini la famille originelle comme « un groupe d'individus portant le même nom provenant d'une même femme, contractant leurs unions suivant les principes de l'exogamie et *possédant leurs épouses en commun* ». Or, si dans le but de la pacification intérieure de la horde on aurait dû déclarer propriété commune les femmes provenant de l'étranger, est-ce que le même but n'aurait pu être atteint simplement par la défense de l'appropriation individuelle et par la propriété commune des femmes nées dans le clan ? Et alors, qu'est-ce qui aurait poussé les hommes du clan à l'exogamie ? M. Kovalewsky nous montre très bien la raison et l'origine de la propriété commune de toutes les femmes chez les hordes primitives, mais il ne nous montre pas celle de l'interdiction de posséder *certaines* femmes, — en commun ou individuellement, n'importe.

Nous croyons cependant que le principe fondamental posé par Kovalewsky, principe de la pacification intérieure du clan, donnera un résultat satisfaisant ; il ne faut que l'appliquer autrement. Il faut considérer attentivement cette idée que les troupeaux humains primitifs devaient, sous peine de perdre des forces précieuses nécessaires pour la lutte avec les ennemis extérieurs, éviter soigneusement *toute effusion du sang* dans leur sein.

Il faut éviter l'erreur, commune encore à M. Kovalewsky avec un grand nombre d'auteurs des hypothèses sur l'exogamie, erreur qui consiste à ne voir dans les femmes qu'un objet passif de toute l'action, à ne pas prendre en considération les rapports particuliers de symbiose, de solidarité, du souci commun et de la lutte commune pour l'existence, qui devaient unir les hommes *et les femmes* d'une même horde primitive; voilà pourquoi ces auteurs n'arrivent pas à découvrir la différence spécifique entre la femme de la même horde-clan et la femme étrangère, où tout au plus, comme M. Durkheim, découvrent une différence fantastique.

M'appuyant sur les considérations qui précèdent, je me permets donc de proposer l'hypothèse suivante :

« L'amour » primitif ne ressemble pas du tout à ce que ce mot-là contient et exprime pour nous. Si, encore, on parle dans la poésie grecque tout le temps des femmes « subjuguées » ou, traduisons le mot plus simplement, « violées » dans un bois ou au bord d'un ruisseau par les dieux, si *parthenos admes*, vierge non subjuguée (non violée), veut dire dans cette belle langue : jeune fille non mariée, alors qu'est-ce que pouvait être pour la femme primitive « l'amour » de l'homme primitif ? Ce n'était qu'une agresion inattendue, qu'un viol douloureux, imposé après une résistance désespérée, après une lutte sanglante. Nous en avons encore un témoignage direct dans les cérémonies précédant le mariage chez les Australiens, cérémonies dont nous avons parlé et qui consistent dans une agression inattendue et brutale de la jeune fille par les amis de futur. Tout comme les femelles dans le monde animal, la femme repoussait les agresseurs et, appartenant à une espèce plus développée intellectuellement, elle les haïssait, tout en les craignant,

Transportons-nous maintenant par la pensée au sein de la horde primitive, celle qui a précédé même l'état où l'on a trouvé les Bochimans et les Australiens. D'après Lippert, et c'est la seule hypothèse possible, cette horde-là vit à l'état du premier matriarcat, c'est-à-dire que les enfants se groupent tout naturellement autour de la mère, qui d'abord les nourrit longtemps avec son lait et ensuite, possédant la plus grande expérience, les dirige dans la recherche des racines, des fruits, des limaces, et les aide à éviter le danger. Dans une horde de ce genre il nous faut absolument supposer à l'origine l'absence de toutes limites posées aux rapports sexuels, par conséquent « l'endogamie » (quel terme prématuré !) à côté d'une « exogamie » sporadique : car il est plus facile aux hommes de se rendre maîtres des femmes qu'ils ont à la portée de la main que des femmes plus éloignées faisant partie des autres hordes. Au sein de la horde éclatent souvent des conflits violents : entre tous au sujet de la nourriture, entre les hommes et les femmes, au sujet de l'amour, entre les hommes plus âgés et plus jeunes au sujet des femmes, de la nourriture, enfin de la vie elle-même. La mère ne conserve que pendant très peu de temps la supériorité de la force sur les enfants ; ceux-ci, surtout les mâles, n'ayant pas d'enfants à porter, s'éloignent

souvent de la horde, et vivent seuls à leur risque et profit. Beaucoup
de ces hordes-là ont dû périr et les individus survivants s'unissaient
peut-être avec les autres hordes. Mais certaines, s'étant trouvées
dans des conditions plus favorables, s'accroissaient, plusieurs générations se groupant autour de la grand'mère, demeurant ensemble,
même après sa mort. Il est permis de supposer qu'au sein d'une
horde ainsi accrue les indivus se groupaient tout naturellement autour de leurs mères respectives et qu'ainsi plusieurs clans maternels
commençaient à se dessiner. Les enfants d'une même mère, nourris,
élevés par elle, entourés de soins communs, et ensuite les enfants
de ces enfants, devaient sans doute éprouver les uns pour les autres
une sympathie plus grande que pour les autres membres de la horde ;
lorsque des conflits venaient à éclater, ils devaient s'assister mutuellement sous la direction de la mère. Le frère s'habituait ainsi à dé-
fendre sa sœur contre toute agression, et l'agression amoureuse ne
différait point de tout autre genre de coups et de blessures ; par
conséquent le frère s'habituait à ne point attaquer sa sœur en aucune façon d'autant plus que dès les premiers signes des passions
naissantes, la mère a dû protéger la fille contre le fils, leur incul-
quer l'instinct de s'aider mutuellement et de ne pas se faire du mal.
Avec le cours du temps l'idée s'établit profondément que l'aide mutuelle dans la lutte contre les ennemis et les relations sexuelles
s'excluent mutuellement. Si la horde tout entière avait affaire avec
d'autres hordes ennemies, dans ce cas cette idée et par conséquent
l'interdiction sexuelle pouvait s'étendre à la horde tout entière, d'autant plus que chaque combat livré à une horde étrangère fournissait
l'occasion de satisfaire l'instinct amoureux très rapproché à cette
époque des intincts sanguinaires en général. Dans le cas contraire la
horde devenant après un certain temps trop nombreuse était forcée de
se diviser, et elle se divisait tout naturellement en clans maternels, qui
s'étaient formés dans son sein. Ces clans possédaient déjà un certain instinct exogamique, qui allait maintenant se constituer comme interdiction absolue ; car chaque clan voulant conserver pour lui les meilleurs
gîtes et les endroits fournissant le plus de nourriture, leur séparation ne
devait pas être très pacifique ; en conséquence, après la séparation les
hommes de chaque clan s'attaquaient pour satisfaire leurs instincts
amoureux aux femmes des autres clans, sans nullement se soucier
des suites, c'est-à-dire des enfants, qui tout naturellement restaient
dans le clan de la mère.

A l'époque primitive, dont nous parlons ici, la femme pouvait lutter avec l'homme, ou bien être pour lui une utile compagne de lutte ; elle n'était pas beaucoup plus faible que lui, comme nous le prouve l'analogie du monde animal. Toute la manière de vivre de l'homme et de la femme, la recherche et la cueillette de la nourriture, étaient identiques ; même l'enfant, attaché, ne dérangeait pas beaucoup la femme. Tout cela a été changé par l'invention des armes de chasse d'un côté et du feu de l'autre : l'homme, s'adonnant à la chasse, devint beaucoup plus fort que la femme, qui demeurait près du feu et des enfants, cueillait des racines, des fruits et des limaces. En même temps les hommes, ayant acquis la possibilité de nourrir les femmes, purent satisfaire le désir croissant avec la possibilité même, d'en posséder près d'eux en permanence ; ce ne pouvaient être des sœurs, qui, pendant la très longue période précédente, avaient acquis au point de vue sexuel une intangibilité absolue, mais des femmes étrangères. Ce besoin s'accrut encore avec l'invention de la hutte portative, que l'on mit sur les épaules de l'esclave conquise. Ces esclaves, la horde primitive des hommes les conquérait et les possédait en commun ; il ne faut pas oublier que la horde, cela veut dire le clan primitif composé d'un nombre relativement petit d'hommes ; tout au plus une vingtaine, parfois pas même une dizaine de frères adultes. Certaines hordes arrivèrent après un certain temps à remplacer les continuelles luttes sanglantes qui éclataient entre elles au sujet de femmes, par des traités matrimoniaux. Les frères se mirent par conséquent à vendre leurs sœurs en esclavage aux étrangers ; cela ne doit pas nous étonner cependant, car à la suite des changements économiques, physiques, psychologiques, dont nous venons de parler, les sœurs perdirent dans leurs yeux leur haute valeur antérieure. Cependant il arrive parfois que le clan, en mariant une de ces jeunes filles dans un autre clan, fait certaines réserves, ayant pour but de protéger la femme contre les mauvais traitements

Le centre de gravité de la vie est donc passé des femmes aux hommes ; les femmes, prises dans les clans étrangers, vivent avec eux, chez eux. Ce qui constitue la communauté de vie, une tribu ou un village, ce ne sont plus les frères et les sœurs, mais les maris et les femmes, qui avec le cours du temps se séparent en couples. On reconnaît là les rapports sociaux qui ont été trouvés réellement chez les peuples australiens. La femme ainsi que ses enfants (dont la naissance provoque souvent le mécontentement du père, sont sujets de l'homme ; la femme lui est étrangère par la naissance, il la considère et traite comme une étrangère. Sans doute, il est lié à la femme par la division du travail, mais il n'est pas uni avec elle par une telle solidarité de la lutte pour l'existence, comme l'étaient auparavant les frères et les sœurs sous la direction des mères ; l'homme a une telle supériorité de force et d'armement sur la femme qu'il n'a pas besoin de la craindre et qu'il peut parfaitement se passer de son aide contre les ennemis. Il peut donc la battre, la tuer et « l'aimer » : la communauté vitale ne pouvait plus et n'avait plus besoin ici de créer l'interdiction sexuelle. D'ailleurs la période précédente, si longue et si difficile, a laissé après elle l'institution du clan maternel si profondément enracinée, que dans ces sociétés australiennes, où l'homme est le maître et le centre de la vie, c'est la parenté maternelle, qui cependant ne constitue plus la communauté de vie, mais qui est reconnaissable, grâce au totem, formé également dans la période précédente, c'est cette parente maternelle qui est la base de l'interdiction sexuelle et, chose remarquable, en même temps aussi, de l'obligation de la défense mutuelle et de la vengeance du sang ainsi que de l'interdiction de se faire la guerre ! Longtemps encore, même au milieu d'une société toute patriarcale, le lien puissant de la solidarité de la vengeance unit ceux, et ceux-là seuls, qui ne se marient pas entre eux, et ce sont les parents dans la ligne maternelle : nous en avons un exemple bien frappant dans le Gédéon de la Bible, qui venge terriblement sur Zébée et Salman la mort de ses frères, il ajoute immédiatement : « les fils de ma mère » bien qu'il porte lui même un surnom patronymique : fils de Joas, et que plus tard il prenne soixante-dix femmes. (Juges VIII, 19, 13, 30). Plus tard cela change chez la plupart des peuples pasteurs : la solidarité de la vengeance passe au clan paternel, et avec elle aussi l'interdiction de se marier, l'exogamie! La femme reste très longtemps étrangère. Le fiancé dans les chants populaires est appelé ennemi, tandis que le lien entre un frère et une sœur est considéré comme le plus étroit et le plus sacré. Ceci surtout chez les peuples qui, sans passer par une phase pastorale, s'adonnèrent à l'agriculture; car chez ces peuples-là le clan maternel et exogamique se transforma de nouveau en communauté de vie. C'est là le second matriarcat, agricole et communiste : celui des Iroquois, des Hurons, des Malais, peuples occupant un degré relativement fort élevé de la civilisation; ce sont surtout les peuples ayant eu cette ligne de développement, qui ont conservé des traditions et des survivances matriarcales vives et nombreuses.

Encore deux observations pour terminer. L'interdiction sexuelle se formant par la voie que nous avons hypothétiquement retracée, devait s'étendre aux hommes et aux femmes de la horde-clan, appartenant à toutes les générations, à tous les âges. Les interdictions particulières s'appliquant aux générations ne se sont probablement différenciées que plus tard, lorsque des luttes commencèrent entre les hommes plus âgés et plus jeunes au sujet des femmes prises à l'étranger, et que les enfants, d'un autre sang que le père et qui n'étaient par conséquent pas protégés contre son amour, se mirent à vivre avec lui et sous son autorité. Contrairement à l'opinion qui semblerait plus naturelle, on ne voit aucune raison pour que les interdictions entre ascendants et descendants eussent dû précéder celles entre collatéraux, ou plutôt celles générales ; tout au plus peut-ou admettre que dans la horde primitive la mère sût se rendre intangible au fils.

Quant à l'endogamie enfin, qui à divers endroits a laissé des traces plus ou moins visibles, nous croyons qu'il faudrait la considérer dans deux cas tout à fait différents. D'abord, cela dut être l'état tout à fait primitif, celui qui a précédé l'exogamie, état qui d'ailleurs a pu se conserver çà et là dans des conditions tout exceptionnelles : une horde vivant par exemple dans un isolement complet, sans contact avec d'autres, trouvant des moyens de subsistance suffisamment copieux et pouvant par conséquent s'accroître et devenir une tribu, sans se diviser fortement à l'intérieur et sans avoir de raisons pour de violents conflits intérieurs. Dans le second cas, l'endogamie peut reparaître après la période de l'exogamie et la remplacer — là où les causes de cette dernière cessent d'agir : par conséquent non chez la masse d'un peuple donné, mais chez les familles les plus puissantes et les plus riches, qui ne veulent pas donner leur membres en mariage aux autres clans par orgueil ou parce qu'elles ne veulent pas céder une partie de leurs richesses. C'est alors que « la sœur » (disons plus généralement : une proche parente) devient de nouveau la femme : « les chiens et les familles éminentes ne connaissent point de parenté » comme dit, assure-t-on, un proverbe de Kalmouks.

D'ailleurs, ici et avec le progrès de la civilisation, le mariage perd déjà graduellement sa brutalité originelle, le mari et la femme cessent d'être des ennemis. Avec le temps les hommes cessent même d'y voir un obstacle et au contraire le considèrent comme un moyen de créer lasolidarité vitale. Le droit canonique, ou plutôt Saint Augustin (cité dans le « décret de Gratien » c. un. C. 35 q. 4) exprime cette idée trèsjoliment : » Consanguinitas dum se paulatim propaginum ordinibus dirimens usque ad ultimum gradum subtraxerit et *propinquitas esse desierit*, eam rursus lex matrimonii vinculo repetit et *quodam modo revocat fugientem*. »

Pour motiver l'interdiction du mariage avant ce dernier grade de la parenté, on dit donc ici que les parents sont déjà sans cela liés par une solidarité dans la vie, les unir donc encore par les liens du mariage serait employer en vain un moyen aussi précieux et efficace de faire fraterniser les hommes. Le canoniste fixe ensuite à six le nombre de degrés au delà desquels la parenté s'éteint, et comme motif il invoque que le monde a été créé dans l'espace de six jours. Mais cela nous intéresse peu ; nous ne l'avons mentionné que pour montrer comment la conscience de l'origine première de l'interdiction des mariages consanguins s'est éteinte et par quoi on l'a remplacée. Or, après « la proximité fuyante » et la création du monde est venue la sélection naturelle...

Ce que nous avons exposé n'est évidemment qu'une hypothèse, comme d'ailleurs toutes les autres tentatives d'expliquer l'exogamie et les interdictions sexuelles, mais c'est une hypothèse, croyons-nous, qui satisfait aux exigences de la science, puisqu'elle nous paraît expliquer d'une manière naturelle, sans contradictions, toute une série de phénomènes sociaux, d'institutions et de survivances, sans elle incompréhensibles ; elle fait tomber de plus une certaine lumière sur un facteur psychologique important de la vie amoureuse : l'inimitié des sexes...

Si cette hypothèse résiste à la critique que nous attendons, ce sera en même temps le triomphe de ce principe de théorie et de méthode qu'en sociologie comme partout il faut expliquer la vie par les fondements mêmes de la vie.

30 novembre 26

REVUE INTERNATIONALE

DE

SOCIOLOGIE

PUBLIÉE TOUS LES MOIS, SOUS LA DIRECTION DE

RENÉ WORMS

Secrétaire-Général de l'Institut International de Sociologie
et de la Société de Sociologie de Paris

Abonnement annuel : FRANCE : 18 fr. — UNION POSTALE : 20 fr.

V. GIARD & E. BRIÈRE, ÉDITEURS

PARIS, 5°
16, RUE SOUFFLOT, 16.

BIBLIOTHÈQUE
SOCIOLOGIQUE INTERNATIONALE

PUBLIÉE SOUS LA DIRECTION DE

RENÉ WORMS

Secrétaire Général de l'Institut International de Sociologie

Cette collection se compose de volumes in-8°, reliure souple (1).

Ont paru :

RENÉ WORMS : *Organisme et Société.* . . . . 8 fr.
PAUL DE LILIENFELD : *La Pathologie Sociale.* . . . . 8 fr.
FRANCESCO S. NITTI : *La Population et le Système social.* . . . . . 7 fr.
ADOLFO POSADA :*Théories modernes sur les Origines de la Famille, de
la Société et de l'Etat.* . . . . 6 fr.
SIGISMOND BALICKI : *L'Etat comme organisation coercitive de la Société
Politique.* . . . . 6 fr.
JACQUES NOVICOW : *Conscience et Volonté Sociales* . . . . 8 fr.
FRANKLIN H. GIDDINGS : *Principes de Sociologie.* . . . . 8 fr.
ACHILLE LORIA : *Problèmes Sociaux Contemporains.* . . . . 6 fr.
MAURICE VIGNES : *La Science Sociale d'après les principes de Le Play
et de ses continuateurs,* 2 volumes. . . . . 20 fr.
M. A. VACCARO : *Les Bases sociologiques du Droit et de l'Etat..* . . . 10 fr.
LOUIS GUMPLOWICZ : *Sociologie et Politique.* . . . . 8 fr.
SCIPIO SIGHELE : *Psychologie des Sectes.* . . . . 7 fr.
G. TARDE : *Etudes de Psychologie Sociale.* . . . . 9 fr.
MAXIME KOVALEWSKY : *Le Régime économique de la Russie.* . . . . 9 fr.
C. N. STARCKE : *La Famille dans les diverses sociétés* . . . . . . 7 fr.
RAOUL DE LA GRASSERIE : *Des Religions comparées au point de vue
sociologique* . . . . 9 fr.
JAMES MARK BALDWIN : *Interprétation sociale et morale des principes
du développement mental.* . . . . 12 fr.
G. L. DUPRAT : *Science Sociale et Démocratie.* . . . . 8 fr.
H. LAPLAIGNE : *La Morale d'un Egoïste; essai de morale sociale* . . . 7 fr.
JACQUES LOURBET : *Le Problème des Sexes* . . . . 7 fr.
E. BOMBARD : *La Marche de l'Humanité et les Grands Hommes d'après la
doctrine positive* . . . . 8 fr.
RAOUL DE LA GRASSERIE: *Les Principes sociologiques de la Criminologie.* 10 fr.
ABEL POUZOL : *La Recherche de la Paternité.* . . . . 12 fr.
ARTHUR BAUER : *Les Classes Sociales.* . . . . 9 fr.
CH. LETOURNEAU, : *La Condition de la Femme dans les diverses races
et civilisations.* . . . . 11 fr.
RENÉ WORMS : *Philosophie des sciences sociales :* I, *objet des sciences
sociales* . . . . 6 fr.
EUGENIO RIGNANO : *Un socialisme en harmonie avec la doctrine écono-
mique libérale* . . . . 9 fr.

Paraîtront successivement :

RENÉ WORMS : *Philosophie des sciences sociales :* II, *méthode*; III, *conclusions
des sciences sociales.*
MAXIME KOVALEWSKY, membre de l'Institut International de Sociologie : *La
France économique et sociale à la veille de la Révolution. — Tableau des origines et de l'évolution de la famille et de la propriété* (nouvelle édition).
LESTER F. WARD, ancien président de l'Institut International de Sociologie: *Sociologie
pure.*

(1) *Les volumes de la collection peuvent aussi être achetés brochés avec
une diminution de 2 francs.*